prosper

prend régulièrement
un kilo par mois

agathe

est la plus sentimentale
de tous

ne rêve qu'à embarquer

dimitri

adore les
activités artistiques

les farfeluches
APPRENNENT À COMPTER
EN 172 MOTS

conception et texte d'Alain Grée
illustration de Luis Camps

CADET-RAMA • CASTERMAN

1

Pour qu'un éléphant
pesant une tonne
avale un gros gâteau
d'une seule bouchée,
il lui faut pour une fois
un solide appétit
et un estomac grand
comme une maison
à un étage.

ombrelle

éléphant

gâteau

natte

échelle

serviette

bassine

coussin

cerise

4

fanion

Regardez ces deux motos
à deux places;
elles ont chacune deux roues,
deux gros phares
et deux selles de cuir noir.
Quant aux deux pilotes,
ils font deux tours
de circuit en deux heures
et deux minutes.

2

guidon

casque

visière

phare

clignotant

tuyau d'
échappement

selle

réservoir

roue

béquille

pneu

éponge

outils

bidon

5

3

Un, deux, trois :
Nos trois amis
mangent trois fois trop :
en prenant trois repas par jour
pendant trois semaines,
ils ont pris tous les trois
plus de trois kilos !

chapeau

chien

fourchette

saucisse

soupière

assiette

pain

pomme

verre

orange

chat

merlan

table

chaise

6

Junior a essayé quatre fois :
il met quatre minutes
et quatre secondes
pour descendre quatre à quatre
ses quatre étages.
Mais en marchant à quatre pattes,
il met près de quatre heures !

4

drapeau

casquette

escalier

journal

numéro

chronomètre

fleurs

médaille

bottes

oliant

caisse

7

5

Voici cinq poules
sur cinq perchoirs.
Elles pondent chacune cinq œufs,
que se partagent cinq enfants.
Chaque enfant aura combien
d'œufs?
Cinq, bien sûr!

échelle

poules

crête

poussin

mangeoire

paille

plumes

aile

seau

graines

œufs

perchoir

8

casque

gant

genouillère

Imaginez six garçons
âgés de six ans,
courant les six jours
sur six planches à roulettes.
Un, deux, trois, quatre, cinq, six :
il y a six abandons
après les six premiers tours !

cape

bonnet

chaussure

écharpe

lacet

roulette

boulon

lunettes

planche à roulettes

9

7

Un et six font 7,
Deux et cinq font 7,
Trois et quatre font 7,
Quatre et trois font 7,
Cinq et deux font 7,
Six et un font 7 aussi.
Et que fait 7, sans rien de plus?
Il fait 7 aussi, à lui tout seul!

ballon

lapin

guitare

partition

rubans

livre

dés

croissant

tapis

coussin

carte

bouteille

gobelet

hirondelle

Le 8 août
(8ᵉ mois de l'année),
à 8 heures du matin,
les huit coups
des huit carillons
sonnent pendant 8 secondes
au 8 de la rue
des huit sergents.

pendule

horloge

coucou

moineau

poids

balancier

papier

canari

carillon

réveil

montre

dateur

12 JAN

pendulette

souris

11

9

Regardez bien ces neuf dessins :
ils représentent neuf oiseaux,
neuf poissons rouges,
neuf paniers de fruits,
neuf voitures de course,
neuf petits escargots,
neuf fleurs des bois,
neuf pelotes de laine,
neuf bateaux à voile
et neuf crayons. Tout neufs !

escargots

pelotes de laine

voitures de course

oiseaux

godet

encre

pince à dessin

plume

poissons

crayons

tube

fleurs des bois

paniers

crayon

bateaux

pinceaux

pot

rouleau

brosse

13

10

Les farfeluches
sont dix garnements,
dix fois plus turbulents
que les dix petits lutins des
dix royaumes du diable. Pour
mériter dix en conduite, il
faudrait que dix mouchoirs
bâillonnent leurs dix bouches
pendant au moins dix jours,
et dans dix écoles différentes!

robinet

sacoche

raccord

tuyau

cuvette

radio

ciseaux

papiers

tambour

14

pot de peinture

pinceau

bicorne

journal

escabeau

fauteuil

planche

brancard

nœud

EN PANNE

téléviseur

jet d'eau

bocal

pièces
détachées

15

de 10 à 100

Il faut être 10 pour faire une dizaine,
réunir deux dizaines pour être 20,
ajouter 10 personnes pour être 30,
réunir quatre dizaines pour être 40,
ajouter 10 personnes pour être 50,
réunir six dizaines pour être 60,
ajouter 10 personnes pour être 70,
réunir huit dizaines pour être 80,
ajouter 10 personnes pour être 90.
Et pour être 100, devinez?
Il suffit d'ajouter un zéro au chiffre 10.

panneau de photos

photographe

16

bouquet

fanion

gâteaux

chapeau melon

flash

étoile

appareil
de photo

fourre-tout

mandoline

pied

chien

boîtes de film

pellicule

17

Voici le chiffre 1
tout simple et sans problème.
Placez un 2 devant, que devient-il ?
Un 21 fier d'être plus fort
à lui tout seul que deux dizaines réunies !
Placez un trois devant : en formant 321,
notre nombre prend de la bedaine.
Placez un 4 devant :
c'est plusieurs milliers d'unités
que 4321 rassemble en quatre chiffres.
Placez un 5 devant : bonjour tout le monde !
54321 prend l'allure d'une petite famille.
En ajoutant encore un frère, une sœur,
un cousin, un neveu,
alignés à la queue-leu-leu,
on atteint des millions, puis des milliards,
si longs, si volumineux qu'ils ne peuvent
tenir tous sur la même ligne !

affiche

porte-mine

capuche

parapluie

cartable

calculatrice

18

papillon

feuilles

1

21

654321

87654321

987654321

4321

321

54321

stylo

lunettes

795201835

32524527528155

chiffres

bloc-notes

sac de sport

87654321
2109

boulier

tabouret

19

en avant, en arrière

JEU. On joue à plusieurs à l'aide d'un dé et d'un pion (bouton ou pièce de monnaie) par joueur. Chacun des participants lance le dé selon l'ordre fixé par tirage au sort. Il avance son pion, depuis la case « départ », du nombre de cases correspondant au chiffre sorti sur le dé. Deux possibilités se présentent alors : 1. Le pion s'arrête sur une case contenant un farfeluche : il y reste jusqu'au prochain tour, et c'est au joueur suivant de lancer le dé. — 2. Le pion s'arrête sur une case contenant un chiffre précédé soit du signe —, soit du signe +. Selon le signe, le joueur recule (—) ou avance (+) du nombre de cases correspondant au chiffre écrit dans la case où le pion s'est arrêté. Attention : on continue de jouer de la même manière aussi longtemps que le pion ne s'arrête pas dans une case contenant un farfeluche. Le premier qui parvient à l'arrivée est déclaré vainqueur.

Imprimé en Belgique par Casterman, s.a., Tournai, janvier 1980. N° édit.-impr. 2960.
Dépôt légal : 1er trimestre 1980 ; D. 1980/0053/27.

melba

est déjà une parfaite ménagère

patrice

combat des indiens
imaginaires

rodolphe

n'est heureux
qu'un marteau à la main

junior

trente cinq kilos de muscles

casimir

espère devenir un jour
aviateur

placide

est plus distrait
que maladroit